AIDE-MÉMOIRE

A L'USAGE

DES

MARGUILLIERS-TRÉSORIERS

Par E. DELAPORTE

Trésorier de la Fabrique de Barentin.

ROUEN

IMPRIMERIE PAUL LEPRÊTRE

75, RUE DE LA VICOMTÉ, 75

—

1895

AIDE-MÉMOIRE

A L'USAGE

DES

MARGUILLIERS-TRÉSORIERS

Par E. DELAPORTE

Trésorier de la Fabrique de Barentin.

ROUEN

IMPRIMERIE PAUL LEPRÊTRE

75, RUE DE LA VICOMTÉ, 75

—

1895

AVANT-PROPOS

En présentant ce travail sur l'application de la loi du 26 Janvier 1892 et du décret du 27 Mars 1893, nous nous abstiendrons de toute apologie. Devenu le justiciable de cette loi, nous ne trouvons pas de notre dignité d'en dire du mal; il nous serait plus difficile encore d'en dire du bien.

Nous nous sommes proposé de soumettre à nos Confrères le résultat de notre expérience et d'écarter de leur chemin les difficultés d'application que nous avons rencontrées; les discussions théoriques en sont formellement exclues. Au point de vue même de l'application, lorsque plusieurs moyens pratiques se présentent, nous n'en indiquons généralement qu'un, celui qui nous a paru le plus commode à l'usage, voulant épargner au lecteur jusqu'à l'embarras du choix. Nous espérons qu'on ne verra pas dans cette manière de procéder un acte de présomption, mais le désir d'abréger le travail des Trésoriers de Fabrique.

Dans le choix, *très étudié*, de nos imprimés, nous nous sommes attaché, tout en restant dans les termes de la loi, à leur proposer une série de formules ne leur laissant absolument à remplir que ce qui est spécial à chaque paroisse et à chaque comptable. Nous avons cherché à leur épargner la besogne fastidieuse qui consiste à remplir dans chaque pièce imprimée, des dates et des lignes laissées en blanc pour la plus grande perplexité du débutant. Nos imprimés, au lieu de servir à exercer la

(1) Nos imprimés sont en vente chez M. ALLAIN, imprimeur, à Elbeuf.

patience et la sagacité des Trésoriers et des Curés, leur seront naturellement un canevas et un guide de tous les instants.

Nos imprimés forment ainsi un tout complet dans lequel l'unité de plan et l'uniformité de format entre les pièces facilitent beaucoup le travail.

Nous n'offrons aujourd'hui que la série d'imprimés nécessaire aux Trésoriers pour l'établissement et la reddition de leur compte ; nous avons évité de surcharger notre travail en y ajoutant les livres de l'Ordonnateur, lesquels sont encore soustraits au contrôle civil et peuvent être, avec moins d'inconvénient, laissés au choix de chacun.

Nous offrons en bloc une série complète de ce qui est strictement nécessaire aux Trésoriers pour la reddition soit de leurs comptes de 1894, s'il en est d'arriérés, soit des comptes de l'exercice 1895.

Ceux qui n'ont pas encore l'expérience de la chose, trouveront tout avantage à prendre cette série en bloc ; avec elle ils n'auront à craindre ni de manquer de certaines formules, ni de payer certaines autres en double emploi.

Si, en facilitant aux trésoriers leur tâche, nous réussissons à décider les hésitants à ne pas abandonner le poste qu'ils ont l'honneur de défendre, nous nous estimerons heureux et nous aurons atteint le seul but que nous nous soyons proposé.

AIDE-MÉMOIRE

DES MARGUILLIERS-TRÉSORIERS

Le travail du Marguillier-Trésorier se décompose en trois périodes :

1° Il prépare son travail. Et, pour cela, il aide à la confection du budget ;

2° Il l'exécute, c'est-à-dire qu'il soigne le recouvrement des revenus et le paiement des dépenses, qu'il enregistre soigneusement ces diverses opérations et qu'il veille à ce que les formalités, auxquelles elles donnent lieu, soient scrupuleusement remplies ; c'est ce qu'on appelle la gestion du comptable.

3° Il le résume et en rend compte, c'est-à-dire qu'il établit le compte de sa gestion, classe les pièces qui justifient chaque recette et chaque paiement et présente compte et pièces justificatives au juge de ses comptes.

Nous allons reprendre une à une ces diverses périodes.

PREMIÈRE PARTIE. — BUDGET.

Les Fabriques ont l'obligation rigoureuse d'établir un budget régulier.

On appelle budget primitif ou plus simplement budget le tableau des recettes et des dépenses probables afférentes à une année entière du 1er janvier au 31 décembre.

Chaque catégorie ou *article* de recette ou de dépense étant évaluée à part, ce tableau est dressé à l'avance par le bureau du Conseil de Fabrique et en pratique le plus souvent par les soins du Curé et du Trésorier. Il est ensuite à la session de Quasimodo *proposé* au Conseil de Fabrique qui en accepte ou en modifie les articles. Ainsi *réglé par le Conseil*, il est envoyé à l'Evêché pour être *approuvé par l'Evêque.*

Nous avons dit que chaque article de recette ou de dépense était évalué à part. Cette évaluation dans la plupart des cas, n'est qu'approximative. Seuls des revenus fixes pourront être évalués à l'avance avec certitude. Presque toutes les recettes: produit des chaises, des quêtes, des troncs, des pompes funèbres, varient chaque année. Comment les évaluer à l'avance ? En prenant pour point de comparaison les articles correspondants du compte le plus récemment rendu, *le dernier compte de l'Ordonnateur*; sauf à s'en écarter s'il y a des raisons de le faire.

Dans nos feuilles imprimées, ces diverses opérations sont traduites d'une façon qui parle aux yeux.

Supposons que nous sommes arrivés à la session de Quasimodo 1896. Comment procéderons-nous pour établir notre budget de 1897.

Prenons notre imprimé et occupons-nous d'abord des recettes :

1° Que s'agit il d'évaluer ? chaque nature de recette séparément; nous avons donc une colonne indiquant en toutes lettres la nature de la recette transformée par un numéro d'ordre placé à sa gauche en un article du budget.

2° Quel est notre point de comparaison dans cette évaluation ? *le dernier compte de l'Ordonnateur.* (Ce qu'on appelait jadis les comptes de fabrique). Quel est le dernier compte de l'Ordonnateur, ce n'est pas celui de 1896, puisque l'année n'étant pas finie, le compte n'en est pas rendu, c'est celui de 1895. Prenons donc le compte de l'Ordonnateur ou la feuille dite comptes de la Fabrique de 1895, et sur notre projet de budget, devant chaque article de recette, écrivons dans la deuxième colonne, la somme que nous relevons à l'article correspondant de 1895. Voici notre travail bien préparé.

3° Évaluons maintenant les recettes (1) que le Bureau va proposer. Prenons chaque article de recette l'un après l'autre. Prévoyons-nous que la recette de tel article sera égale, supérieure ou inférieure en 1897, à ce qu'elle a été en 1895 ? Nous écrivons dans la colonne des *recettes proposées par le Bureau,* un chiffre égal, supérieur ou inférieur à celui qu'a donné, en 1895, l'article qui nous occupe.

Nous procédons de même pour les dépenses, nous additionnons séparément les unes et les autres, nous avons soin de nous assurer que le total des recettes prévues n'est pas inférieur au total des dépenses prévues ; faute de

---

(1) Dans l'évaluation des recettes, il faut évaluer la recette *brute,* sauf à porter à la colonne des dépenses, les frais dont cette recette est grevée. Si le dernier compte de la Fabrique avait été dressé sur les recettes nettes, il faudrait tenir compte de cette erreur et majorer en conséquence les recettes et les dépenses ; par exemple, le produit brut des pompes funèbres, c'est ce que paient les familles des défunts. Ce produit est grevé des frais de porteur, de fossoyeur, etc., et la différence constitue le produit net. Nous écrirons en recettes le produit brut, et en dépenses les frais que les pompes funèbres nous occasionnent.

quoi nous revoyons un peu nos chiffres pour obtenir ce résultat (1).

Ceci fait, le travail du Trésorier et du Bureau est prêt à être soumis au Conseil de Fabrique.

4° Vient la session de Quasimodo. Le Conseil se réunit. Nous lui lisons et nous faisons passer sous ses yeux le budget tel que le Bureau le propose, après quoi, votant article par article, *il règle les recettes et les dépenses*.

Il peut se faire que le Conseil juge à propos de changer quelque chose aux propositions du Bureau ; sous réserve de l'approbation épiscopale, nous n'avons qu'à nous incliner.

Dans la colonne intitulée « *Recettes réglées par le Conseil* », nous écrivons immédiatement les chiffres qui viennent d'être adoptés. Nous faisons de même pour les dépenses et nous faisons signer par les Fabriciens présents.

Nous recopions ensuite le budget à quatre exemplaires. L'un est remis à la Mairie contre récépissé, le second, auquel il faut joindre le récépissé du premier, est envoyé à l'Évêché. Des deux derniers, l'un servira à la Fabrique, l'autre sera annexé au compte de gestion ainsi que nous le verrons plus loin.

5° Après examen, l'Évêque modifie *souverainement*, s'il le juge bon, tel ou tel article, recettes ou dépenses, les accepte le plus souvent sans y rien changer et renvoie

(1) On ne peut remanier les chiffres que pour les recettes ou dépenses aléatoires. On ne doit, en aucun cas, toucher à ceux des recettes ou dépenses certaines. Si l'équilibre du budget ne pouvait être obtenu sur le papier qu'en exagérant déraisonnablement les prévisions de recettes ou en diminuant déraisonnablement les prévisions de dépenses, il faudrait prendre des mesures radicales et entrer coûte que coûte dans la voie des économies. Nous ne parlons de remanier les chiffres qu'autant qu'il s'agit de différences peu importantes.

l'exemplaire qui lui a été soumis, après avoir inscrit en regard de chaque article, dans la colonne à ce destinée, les chiffres *approuvés* par lui. Ces derniers seuls font loi (1).

La Fabrique ne doit, en aucun cas, se dessaisir de l'exemplaire revêtu de l'approbation épiscopale.

Pour ne pas interrompre notre exposition, nous n'avons encore rien dit du *budget extraordinaire*.

Dans la nouvelle nomenclature, le mot « Budget extraordinaire » ne signifie pas du tout ce qu'il signifiait dans l'ancienne. Les recettes et les dépenses *exceptionnelles* n'y doivent pas figurer le plus souvent. Elles n'y doivent figurer que quand il s'agit de recettes ou de dépenses en *capitaux* : si, par exemple, la fabrique reçoit un gros legs ou vend un bien, c'est là une recette en capital qui figure au budget extraordinaire ; si elle achète un titre de rente avec ces capitaux légués ou produits par une aliénation d'immeuble, c'est une dépense de budget extraordinaire. (L'achat du même titre de rente avec des économies de revenu serait une dépense de budget ordinaire.)

En pratique, le budget extraordinaire ne joue presque jamais, inutile donc d'insister.

Budget supplémentaire. — Le budget primitif, soit ordinaire, soit extraordinaire est réglé assez longtemps d'avance, il est, comme nous le verrons plus tard, limitatif pour les dépenses : il peut se faire que des recettes ou des dépenses n'aient pu y être prévues et qu'il faille le com-

(1) Le budget réglé par le Conseil de Fabrique n'a aucune valeur tant qu'il n'est pas approuvé par l'Évêque.

S'il arrivait que l'année commençât avant que l'Évêque eut renvoyé le budget approuvé, il faudrait, en l'attendant, se conformer au budget de l'année précédente.

pléter. Pour cela on dresse, une fois l'année commencée,
un budget dit supplémentaire. Ce budget comprend en
recettes comme en dépenses les reliquats de l'année précédente et en outre les articles des unes et des autres qui
n'avaient pas pu être prévus au budget primitif (1).

Le budget supplémentaire se divise, lui aussi, en budget
ordinaire et budget extraordinaire; il doit, lui aussi,
présenter un excédent de recettes (2); il doit être recopié
en autant d'exemplaires que le budget primitif et pour les
mêmes destinations.

Autorisations spéciales. — Il peut se faire que de
nouveaux besoins se manifestent après que le budget
supplémentaire est confectionné et approuvé. On y supplée
alors en faisant voter par le conseil de nouveaux crédits à
prendre sur *les fonds libres* et en faisant approuver cette
délibération par une *autorisation spéciale* de l'Évêque.
— C'est en somme une sorte de second budget supplémentaire soumis aux mêmes formalités que le premier.

Exercices. — Nous avons dit que le budget était le
tableau des recettes et des dépenses probables afférentes à
une année entière (du premier janvier au 31 décembre).
C'est cette période de temps que l'on appelle exercice,
ainsi l'exercice 1894 a commencé le 1ᵉʳ janvier 1894 et s'est
terminé le 31 décembre 1894, toutes les recettes et dépenses
afférentes à l'année 1894 relèvent de l'exercice 1894.

(1) Par exemple, un orage a détruit une verrière pendant le cours
de l'année, les sommes prévues pour l'entretien de l'Église sont
insuffisantes pour en payer la réparation. Cette réparation est cependant
urgente. On inscrira au budget supplémentaire des dépenses la somme
nécessaire à cet effet.

(2) Si le budget primitif présente un excédent de recettes, le budget
supplémentaire peut présenter un déficit pourvu que ce déficit soit
inférieur à l'excédent du budget primitif.

Ici une objection saute aux yeux, parmi les recettes afférentes à 1894 beaucoup seront entièrement réalisées au 31 décembre. Ainsi les quêtes, la collecte des chaises, faites au jour le jour, seront encaissées avant le 31 décembre. Pour celles-là aucune difficulté ; mais les termes de loyer si la Fabrique est propriétaire d'immeubles, le produit des bancs à l'année, etc., peuvent très bien ne pas être payés à l'échéance et être encore dûs au 31 décembre. Ce sont pourtant bien des recettes afférentes à 1894. De même pour les dépenses : les chantres, les employés de l'Église, le loyer du presbytère seront exactement payés, mais tel entrepreneur n'aura pas envoyé son mémoire pour les travaux exécutés pendant l'année, tel fournisseur n'établit que dans le courant de janvier la facture de ce qu'il a livré en novembre ou décembre. Comment faire ?

Pour régulariser ces recettes ou ces dépenses arriérées, le comptable a un délai. Il a jusqu'au 15 mars suivant. Pendant ces deux mois et demi il a soin de distinguer sur ses livres pour ne jamais les confondre les opérations *complémentaires* (1) de l'exercice qui finit, des opérations de l'exercice qui commence, ainsi du 1er janvier au 15 mars 1895 le comptable a eu soin de ne pas confondre les opérations complémentaires de 1894 destinées seulement à régulariser ce qui restait en retard — recettes ou dépenses — de 1894 — avec les opérations courantes relatives à l'année ou à l'exercice 1895.

Crédit. — On dit qu'un *crédit est ouvert* pour telle ou telle dépense, quand le Conseil a voté et que l'Évêque a

---

(1) On appelle opérations *complémentaires* d'un exercice les opérations afférentes à cet exercice, mais dont la réalisation s'est trouvée retardée comme nous l'expliquons ci-dessus et n'a lieu que pendant les premiers mois de l'année suivante.

approuvé que cette dépense soit faite jusqu'à concurrence d'une somme de ..... *strictement limitative*. Un crédit peut être ouvert par les budgets primitif ou supplémentaire ou par une autorisation spéciale.

Un comptable ne doit payer aucune dépense, même mandatée, s'il n'a pas un crédit ouvert à cet effet, ou si la dépense dépasse le montant du crédit ouvert pour la payer.

Deuxième Partie. — GESTION.

Nous avons dit que la gestion était le travail proprement dit du Comptable recouvrant les recettes, payant les dépenses, enregistrant ces diverses opérations et surveillant les formalités auxquelles elles donnent lieu.

On dit par abréviation, gestion 1894, par exemple pour signifier la partie de gestion du Comptable qui embrasse l'année 1894.

La gestion 1894 ne comporte pas comme l'exercice de la même année, d'opérations complémentaires. Elle commence le 1er janvier et finit le 31 décembre.

CHAPITRE I

Les premiers actes du Comptable entrant en fonctions le 1er janvier, ou voulant tenir à partir de cette date des comptes en règle, au lieu des comptes non conformes aux règlements qu'il aurait tenus jusque-là, sont les suivants :

1° S'assurer des livres réguliers.

2° Faire parapher par le Président du Bureau, le journal à souche de recettes et le livre de caisse.

3° Prendre possession de la caisse, conformément au

procès-verbal de caisse, dressé le 31 décembre par le
Bureau des Marguilliers.

4° Inscrire comme premier article de recettes sur ses
livres, la somme dont il vient de prendre possession.

Les livres réguliers sont les suivants : 1° *un journal
à souche de recettes* (voir notre modèle). C'est un carnet
de quittances à détacher de leur souche. Aucune somme
ne doit être encaissée d'où qu'elle provienne, sans être
immédiatement inscrite sur ce livre et sans qu'une quittance correspondante n'en soit immédiatement détachée.

Les sommes provenant de la levée des différents troncs
ou versées au Comptable par les personnes qu'il emploie,
régisseur de recettes, chaisière, etc., donnent lieu, comme
les autres, à une quittance, mais cette quittance dite
« pour ordre », est exempte de timbre.

Les sommes versées par des tiers donnent lieu à des
quittances timbrées à 0,25 centimes (1), toutes les fois
qu'elles sont supérieures à 10 fr. (2). Le timbre est à la
charge de la partie payante.

Quoiqu'il paraisse à première vue étrange de détacher
une quittance pour la levée d'un tronc, par exemple, c'est
cependant indispensable, puisque l'addition des sommes
portées au livre à souche doit concorder avec l'addition
des recettes au livre de caisse. La levée du tronc devant

(1) Les timbres quittances de 25 centimes se trouvent chez les rece-
veurs d'enregistrement ; ceux-ci doivent en fournir contre espèces aux
Comptables des Fabriques. Ils peuvent exiger pour faire cette fourni-
ture, que le Comptable la réclame à titre de comptable.

(2) Les à comptes même inférieurs à 10 francs versés à valoir sur
une somme supérieure à 10 francs, donnent lieu chacun à une quittance timbrée à 0,25.

Les termes de loyer ne sont pas considérés comme à-comptes, mais
forment autant de créances distinctes dont la quittance est ou non
soumise au timbre, suivant que le terme est ou non supérieur à 10 fr.

évidemment figurer en recette sur ce dernier, doit aussi figurer sur le premier.

Le journal à souche ne doit servir que pour une année. Notre modèle courant comprend 80 quittances, ce qui devra suffire largement dans la plupart des cas.

2° *Un livre journal de caisse.* C'est un livre de caisse dans lequel, le livre ouvert, les recettes s'inscrivent sur la page de gauche et les dépenses sur celle de droite.

Quatre colonnes, outre les indications ordinaires, sont réservées aux chiffres de recettes, quatre aux chiffres de dépenses.

Dans la première colonne de recettes, on inscrit les recettes hors budget (voir p. 25), dans la seconde, les recettes afférentes à l'exercice précédent (cette colonne ne sert par conséquent que du 1er janvier au 15 mars). Dans la troisième, on inscrit les recettes de l'exercice courant. Dans la quatrième, le total des trois premières.

Par exemple, le 28 février 1894, nous touchons : 1° 25 fr. pour le terme de Noël dernier, d'une maison de la Fabrique ; 2° 32 fr. pour la collecte des chaises pendant le mois de février. Nous portons les 25 fr. dans la colonne affectée aux opérations complémentaires de l'exercice précédent, les 32 fr. dans la colonne affectée à l'exercice courant, et les deux sommes dans la colonne intitulée : Total des recettes.

Même mécanisme pour les dépenses.

Le livre de caisse peut servir plusieurs années, ce qui est un grand avantage au point de vue des renseignements à rechercher. Il doit être arrêté à la fin de chaque année.

Le livre de caisse contient sur la page des recettes, une colonne intitulée : « Folios sur lesquels les recettes ont été transportées au livre de détail ». De même pour la page des dépenses.

Nous allons en voir l'utilité.

3° *Le livre de détail des recettes et des dépenses* est très comparable au *grand livre* des commerçants. C'est un livre dans lequel une page spéciale est consacrée à chaque article du budget, ce qui permet de classer chaque opération de recette ou de dépense à l'article dont elle dépend. Transporter une recette du livre de caisse au livre de détail, c'est relever cette recette sur le livre de caisse et l'écrire sur la page du livre de détail affectée aux recettes de même nature.

Par exemple, je lis sur le livre de caisse : « 28 février, reçu collecte des chaises, 32 fr. ». J'ouvre mon livre de détail au folio 3, consacré à l'art. 7 du budget et portant comme en-tête : « collecte des chaises », et j'y inscris : 28 février, reçu 32 fr. ; puis je reprends le livre de caisse et dans la colonne réservée à cet effet, en regard de la somme que je viens de transcrire, j'écris : « folio 3. »

Même opération pour les dépenses.

En tête de chaque folio du livre de détail de recettes, une case est réservée pour y inscrire l'évaluation qu'a faite le budget de ce que doit probablement produire cet article de recette ; de même, sur chaque folio de détail de dépense, on mentionnera le crédit ouvert par le budget pour cet article de dépense. Le Trésorier devra remplir ces cases dès qu'il en aura le temps (1) ; il aura, dès lors, constamment sous les yeux, les chiffres lui permettant de suivre la marche des recettes par rapport aux évaluations

(1) Le livre de détail ne demande pas à être tenu aussi rigoureusement au jour le jour que les deux autres livres. Il faudra profiter du premier jour de liberté après le 1er janvier pour le préparer, c'est-à-dire inscrire au haut de chaque page, aux lignes réservées à cet effet, l'article du budget auquel cette page est consacrée, la nature de la recette, la dépense qui compose cet article et en dessous les évaluations budgétaires de cette recette ou de cette dépense. Ce travail demande environ une heure ; il est préférable de le faire sans s'interrompre.

budgétaires et de s'assurer que les crédits ouverts pour chaque dépense ne sont pas dépassés.

Il faut un livre de détail distinct pour chaque exercice.

Paraphe du Président. — Dans les registres soumis au paraphe, le Président du Bureau inscrit sur la première page, le nombre de feuillets que contient le registre, le nom du Comptable auquel il est destiné et la date de l'opération et signe. (Les autres indications sont imprimées d'avance). Puis sur chaque feuillet auprès de la mention Fo 1, Fo 2, il trace son paraphe.

Le journal à souche et le livre de caisse sont seuls soumis au paraphe. Cette opération doit être faite avant l'entrée en fonctions du Comptable.

Si on voulait continuer à utiliser un livre de caisse déjà en service et non paraphé, il ne faudrait pas pour cela se dispenser de cette formalité. On se bornerait à faire numéroter et parapher les feuilles qui restent à utiliser.

Prise de possession de la caisse. — Elle s'opère par la remise au nouveau Comptable des espèces qui composent la caisse ou des pièces qui tiennent lieu d'espèces. Le Comptable doit les déposer dans une caisse spéciale et ne les confondre sous aucun prétexte avec ses propres deniers (1).

---

(1) Le Marguillier Trésorier doit *absolument* exiger la remise réelle des espèces dont il devient comptable ; souvent, sous l'empire des anciens usages, le Curé ou le Président en conservaient la garde et le Trésorier n'avait qu'un rôle nominal ; la loi nouvelle exige impérieusement qu'il n'en soit plus ainsi. Lors même que par suite de circonstances locales, la caisse et les livres du Comptable seraient déposés au presbytère ou à la sacristie, il importe que le Trésorier y puisse constater à tout instant la présence réelle des sommes dont il est responsable et qu'il en conserve la clef.

Premier article de recettes. — Le Comptable inscrira sur son journal à souche de recettes, la somme qu'il vient de recevoir et détachera la quittance correspondante. Il l'inscrira de même sur son livre de caisse à la colonne de l'*exercice courant*, par conséquent de l'exercice qui vient de s'ouvrir.

Le Comptable ayant ainsi des livres réguliers, paraphés, ayant touché les espèces en caisse et en ayant passé écritures, est dès lors dans une situation régulière. Il n'a plus qu'à s'occuper de sa **gestion courante**.

CHAPITRE II

Nous avons dit qu'il devait soigner le recouvrement des recettes et le paiement des dépenses. Pour cela, un guide lui est nécessaire. Ce guide, c'est le budget préparé à l'avance pour l'exercice qui commence. Il en prendra donc un exemplaire et le suivra pas à pas : ici nous posons deux règles qu'on pourrait appeler les règles d'or de la comptabilité publique. 1° Aucune recette ne doit être encaissée sans donner lieu à la fois à une quittance extraite du livre à souche et à une pièce justificative qui reste entre les mains du Trésorier. Aucune dépense ne doit être payée si elle n'a été mandatée par le Président du Bureau et si elle n'est inscrite au budget (1).

2° Jamais, sous aucun prétexte, une opération de caisse, recette ou dépense ne doit être faite sans être immédiatement inscrite. Ne prétextez pas que le temps vous manque

(1) Si le Président du Bureau mandate une dépense non inscrite au budget, ou si la somme mandatée excède le crédit ouvert à cet effet, le Comptable doit en refuser le paiement, au besoin par écrit. Le créancier de la Fabrique retourne alors devant le Président qui avise aux mesures à prendre pour régulariser cette situation.

pour l'enregistrer immédiatement; infailliblement vous feriez des oublis qu'il faudrait ensuite rechercher longuement ou réparer de votre poche.

Si le débiteur ou le créancier de la Fabrique se présente à une heure indue, quand le temps vous manque pour faire les écritures nécessaires, n'hésitez pas à lui dire de revenir. C'est peut-être dur, mais les comptables publics ne procèdent pas autrement, et, après tout, c'est nécessaire.

Des recettes. — Nous nous sommes assez expliqué sur les quittances extraites du livre à souche. Disons un mot des pièces justificatives de recette.

En principe ces pièces devraient être les copies des titres de créances de la Fabrique contre des tiers.

Dans les administrations civiles, le percepteur, par exemple, a comme pièces justificatives l'ensemble des rôles des diverses contributions et les contribuables ne sont pas libres de payer ou de ne pas payer ce qui leur est réclamé. Il n'en saurait être de même pour les recettes des Fabriques; presque toutes ces recettes sont le produit d'offrandes volontaires et le Trésorier n'a aucune espèce de titre contre les parties payantes. L'assimilation que la loi fait du Trésorier au comptable public entraîne pourtant la nécessité pour le premier d'avoir des titres justificatifs et s'il n'en a pas, d'en établir. De là deux espèces de titres: les uns réels, permanents, comme les baux d'immeubles, les titres de rente, l'acte d'adjudication des bancs, parfois l'acte par lequel le produit des chaises est donné à ferme à un adjudicataire; les autres simples procès-verbaux de versements qui ne sont que la constatation certifiée par le Président du Bureau que le Trésorier a encaissé, pour tel objet, telle somme.

Pour la première catégorie, produit de biens ou de rentes, produit des bancs loués par adjudication, produits concédés moyennant une redevance à un entrepreneur quelconque, la principale pièce justificative sera l'acte en vertu duquel la recette est faite (1) — mais comme la Fabrique ne doit pas se dessaisir de l'original de cet acte — il en faudra dresser copie. Cette copie devra porter la mention suivante : « copie de ..... établie sur papier libre pour servir à l'établissement du compte de gestion. » Elle devra en outre être certifiée par le Président.

Une seule copie d'acte justifie tous les versements faits par les tiers en exécution de cet acte. Ainsi une seule copie de l'acte d'adjudication des bancs servira de pièce justificative pour les paiements de tous les adjudicataires des bancs.

La seconde catégorie contient : 1° les quêtes, les collectes des chaises (2), le produit des troncs placés dans l'Église pour les frais du culte (3), les oblations volontaires ; 2° les droits fixes pour services religieux, le monopole des pompes funèbres, le produit de la cire.

Nous engageons les Fabriques à avoir un tronc à trois clefs distinctes, dans lequel sera versé chaque jour le produit des quêtes. Tous les mois (4) le Président, le Curé

---

(1) La jurisprudence des Conseils de Préfecture n'étant pas encore bien établie, nous pensons qu'on se contentera de la copie certifiée du titre de créance. Si le juge des comptes l'exigeait, il serait toujours temps de rechercher les autres pièces, dont on trouvera le détail sur la couverture du compte de gestion.

(2) Les chaises ou bancs occupés à l'année moyennant une redevance tarifée, mais non adjugés aux enchères sont considérés comme rentrant dans le même article que les chaises collectées au jour le jour et leur produit doit être joint sans distinction au produit de ces dernières.

(3) Ne pas confondre avec les troncs pour d'autres usages : Denier de saint Pierre, Pauvres, etc., qui ne regardent pas la Fabrique.

(4) Les règlements indiquent que cette levée doit être faite au moins tous les mois, mais nous pensons que pour les petites Fabriques, il suffit de la faire tous les trois mois.

et le Trésorier, dépositaires chacun d'une clef, se réuniront, videront le tronc, en remettront le contenu au Trésorier, après l'avoir compté, et dresseront un procès-verbal de l'opération. Ce procès-verbal sera la pièce justificative de la recette.

Même opération et même nature de pièce justificative pour un tronc différent du premier et dans lequel sera versée au jour le jour la collecte des chaises. Même opération enfin pour le tronc placé dans l'Église et dans lequel pourront être versées les oblations volontaires, avec la précaution de n'y jamais laisser séjourner de propos délibéré une somme de quelque importance, mais d'en faire immédiatement la levée dès qu'on le croit un peu garni.

Pour les pompes funèbres, s'il n'y a point d'entrepreneur à forfait, on fera dresser par le Curé ou le Sacristain, un état des services et inhumations pendant le mois et des recettes auxquels ils ont donné lieu, on portera en dépense les frais de char, de porteurs, etc. Cet état certifié par le Président servira de pièce justificative.

Un état de la cire revendue, également certifié, justifiera cet article de recettes.

J'ai réservé pour le dernier, l'article intitulé : « Part revenant à la Fabrique dans les droits perçus pour service religieux (1). » Nous engageons les Trésoriers à demander au Curé un simple état contenant seulement l'indication du service, sa date et la somme qui revient à la Fabrique sur les droits perçus. Cet état certifié servira de pièces justificatives.

(1) En d'autres termes part de la Fabrique dans le casuel. Les règlements administratifs indiquent que tout le casuel, auquel cependant la Fabrique est absolument étrangère, doit être porté en recettes, le Trésorier devant ensuite porter en dépense et payer au Clergé la part qui lui revient. Nous n'admettons pas cette manière de procéder et, à nos risques et périls, nous ne l'avons pas mise en pratique.

Avec ces indications et munis de nos imprimés, les Trésoriers pourront enregistrer leurs recettes pendant tout le cours de l'année, et il leur suffira, dans les petites et même dans les moyennes Fabriques, d'une heure à peu près tous les trois mois pour faire et enregistrer toutes les opérations de recettes.

Des dépenses. — Nous avons dit que toute dépense doit être mandatée par le Président du Bureau. La pièce justificative du paiement sera, avant tout, le mandat de paiement (1) rédigé et signé par le Président du Bureau ou Ordonnateur.

Dans beaucoup de cas cette pièce justificative suffit, par exemple pour le traitement ou les honoraires des membres du Clergé, les émoluments des serviteurs de l'Eglise, etc.

Dans d'autres le mandat de paiement doit être accompagné d'une ou plusieurs pièces annexes. Ces pièces sont d'ordinaire des mémoires ou factures ou des quittances explicatives.

Toute facture ou mémoire jointe à un mandat de paiement doit être établie sur papier timbré; l'acquit du paiement est alors donné par le créancier de la Fabrique sur le mandat de paiement avec timbre de 0 fr. 10.

Les quittances explicatives ne sont soumises qu'au timbre fixe de 0 fr. 10. Elles doivent être ainsi formulées :

« Reçu du Trésorier de la Fabrique de ..... la somme de ..... pour les travaux (ou les fournitures) dont le détail suit : »

(1) Quoique nous ne nous soyons pas occupé des livres de l'Ordonnateur, nous avons néanmoins compris dans notre série, un carnet de mandats de paiement, parce que ces imprimés, quoique remplis par l'Ordonnateur, sont indispensables au Trésorier.

On appelle Ordonnateur le Président du Bureau chargé d'ordonnancer les recettes et les dépenses.

En ce cas l'acquit est donné sur cette pièce. On peut faire en même temps signer le créancier sur le mandat avec la mention « sans timbre par duplicata. »

Enfin si le créancier réside au loin on peut se contenter de l'acquit donné sur la quittance explicative et la joindre au mandat sur lequel on ne fait alors signer personne.

Chaque mandat de paiement ne peut se rapporter qu'à un seul article du budget. Si la facture remise par un fournisseur intéresse plusieurs articles, il faudra autant de mandats différents qu'il y aura d'articles en jeu (1).

Il sera bon que le Trésorier s'entende avec le Président du Bureau et avec le Curé pour que tous les trois mois une heure fixe soit réservée pour payer les employés de l'Église et la plupart des fournisseurs. En moins d'une heure par trimestre, dans toutes les petites Fabriques, le Trésorier aura ainsi terminé ses paiements et ne sera plus exposé à des dérangements fréquents.

Bordereau trimestriel. — Tous les trois mois le Trésorier présentera au Bureau des Marguilliers un bordereau de la situation de sa caisse en indiquant ce que chaque article de recette a produit et ce que chaque article de dépense a coûté. Ce relevé est des plus simples, puisque sur le livre de détail chaque page de recette ou de dépense a une colonne spécialement destinée à cet effet.

---

(1) Par exemple, le couvreur remet sa facture pour réparations à la toiture du presbytère et pour travaux aux maisons appartenant à la Fabrique. Les premières se rapportent à l'article du budget qui prévoit les réparations du presbytère, les autres à l'article dit « charge des biens ». Il faudra deux mandats de paiement; quoi qu'une seule facture ait été remise.

La facture sera annexée au premier mandat et au second on joindra une référence (voir page 35).

Clôture des livres. — Au 31 décembre, le Président du Bureau doit vérifier les espèces en caisse et en dresser procès-verbal en remplissant la formule à cet effet.

Le Trésorier arrête aussi son livre journal de caisse. Il écrit au-dessous de la dernière recette et de la dernière dépense : « Arrêté le présent livre de ..... »

Caisse en recettes à fr........

Et en dépenses à fr..........

Ce qui laisse en caisse fr...... »

Il date et signe.

Il arrête de même le journal à souche de recettes, sur la souche, au-dessous de la dernière quittance détachée. Les quittances qui restent non utilisées doivent être coupées par le milieu avec des ciseaux de façon que la moitié environ de ces quittances reste adhérente à la souche et que l'autre moitié ne puisse plus être utilisée.

Régisseurs de recettes et Régisseur de dépenses. — Pour certaines recettes et pour certaines dépenses à faire au jour le jour, le Comptable serait astreint à de perpétuels dérangements s'il n'était autorisé à se faire aider.

Il se fait aider pour les recettes par un ou plusieurs régisseurs de recettes. Ainsi le Curé qui perçoit en même temps que le casuel du Clergé la part de la Fabrique est à ce titre un régisseur de recettes, il peut percevoir également le produit des pompes funèbres, etc. Il en donne aux intéressés un reçu timbré à 0 fr. 10 et détaché d'un carnet à souche spécial. Nous avons vu plus haut comment s'opère le versement des produits ainsi perçus dans la caisse du Comptable et à quels états de versement il donne lieu. (Voir page 20.)

Le Curé peut de même, à la désignation du Conseil de Fabrique, être Régisseur des dépenses et, à ce titre, payer les menues dépenses journalières auxquelles donnent lieu les services du culte. Pour cela le Trésorier met à sa disposition une certaine somme dite avance permanente.

Avance permanente. — Le mécanisme de l'avance permanente demande à être bien compris. Cette somme ne donne lieu à aucune écriture, car elle est censée n'être pas sortie de la caisse dans laquelle elle est remplacée par une pièce dite mandat d'avance permanente et qui tient lieu d'espèces (1).

Ce mandat d'avance permanente est établi par le Président du Bureau. Il ne porte aucune indication d'exercice ou d'article du budget. Il ne peut être supérieur au dixième de la somme des crédits ouverts par les articles 1 et 2 du budget.

Il ne faut pas croire que la somme ainsi reçue soit en quelque sorte donnée à forfait pour le paiement des menues dépenses, c'est une *avance* dont le régisseur de dépenses doit donner l'emploi détaillé (2). De temps en temps il

---

(1) Ainsi dans le procès-verbal de caisse, on constatera, je suppose :

Or......................	100 francs.
Argent..................	100 —
Billets de banque.......	100 —
Mandat d'avance permanente..	100 —
Total.............	400 francs.

(2) Nous demandons grâce pour la trivialité de la comparaison, mais n'en avons pas pu trouver de plus démonstrative que la suivante : L'avance permanente, c'est la pièce de cinq francs que vous donnez à votre gouvernante partant pour le marché ; vous ne lui dites pas : « Achetez-moi à dîner, arrangez-vous pour vous tirer d'affaire avec cette somme et gardez le surplus, s'il y en a. » Vous lui dites : « Voici de quoi payer vos achats, à votre retour vous m'en donnerez le compte détaillé, et, comme je ne veux pas que vous restiez la bourse vide, je vous rembourserai ce que vous aurez dépensé, ainsi vous aurez de nouveau 5 francs en avance. »

Ces cinq francs sont l'avance permanente que vous lui faites.

dresse la liste des dépenses qu'il a payées, demande au Président de la lui mandater, et se la fait rembourser par le Trésorier. Son avance se trouve alors reconstituée et lui permet de faire face aux nouvelles menues dépenses qui se présenteront.

Opérations hors budget. — Nous ne nous sommes occupé jusqu'ici que des opérations normales auxquelles donnent lieu les recettes et les dépenses budgétaires. Il peut se présenter en outre quelques opérations étrangères aux services de la Fabrique et par conséquent au budget. Ces opérations sont dites *hors budget*.

Elles se résument en ceci que le comptable est amené à encaisser, non pour le compte de la Fabrique, mais pour des tiers certaines recettes intimement liées à des recettes budgétaires. Par exemple, les services commandés dans presque toutes les communes à l'occasion de la mort du Président Carnot ont donné lieu à des recettes hors budget; la commune en effet ne voulant avoir affaire qu'à un seul comptable a payé en bloc aux mains du Trésorier et ce qui revenait à la Fabrique, et ce qui revenait au Clergé. Cette seconde part était une recette hors budget.

Le Comptable encaisse les recettes hors budget, en donne quittance à souche dans la forme ordinaire, les inscrit à son livre de caisse dans la colonne réservée à cet effet mais n'a pas à les transporter au livre de détail, aux pages consacrées aux divers articles du budget. Il les transporte à une page spéciale.

Comme pièce justificative de recette il établit une copie du titre de recette en vertu duquel il a encaissé en ayant soin de mentionner sur cette copie ce qui revient aux services budgétaires et ce qui revient aux tiers.

Ayant encaissé il doit rendre aux tiers ce qu'il a reçu pour eux. Il le fera sur un mandat de paiement du Président émis au profit de l'intéressé et mentionnant le caractère hors budget de la dépense.

Reprenons l'exemple de tout à l'heure : le comptable a encaissé de la commune une somme de 200 francs. Sur ces 200 francs la part de la Fabrique est de 20 francs, le reste revient au Clergé et aux fournisseurs de cierges ; le Comptable encaissera 20 francs dans les services budgétaires et les imputera en recette à l'article : Pompes funèbres, et 180 francs dans les services hors budget. La copie de la facture présentée par lui à la commune sera sa pièce de recette.

Ceci fait il paiera contre mandats du Président libellés hors budget, et justificatifs de sa dépense, au Clergé d'une part, au cirier de l'autre, les 180 francs qu'il a reçus pour eux ; et les inscrira sur son livre de caisse à la page de dépenses dans la colonne qui leur est réservée.

Les opérations hors budget ne se rattachent à aucun exercice. Elles sont faites au jour le jour et donnent lieu à un chapitre à part du compte de gestion.

En résumé, munis des livres dont nous avons indiqué l'emploi, et des feuilles imprimées qui l'aident à établir rapidement ses pièces justificatives. suppléé pour les opérations journalières par son régisseur de recettes et par son régisseur de dépenses qui, 99 fois sur 100, se confondront en la personne de son Curé, notre Trésorier pourra exécuter régulièrement tous les devoirs de sa charge sans y consacrer plus de quelques séances par an. Le point capital pour réussir en si peu de temps est de s'astreindre à faire chaque chose avec ordre et méthode et à ne jamais s'écarter du programme que l'on s'est tracé.

Il ne lui sera pas défendu du reste de se faire aider, étant bien entendu que cet aide ne doit pas aller jusqu'à le déposséder de ses fonctions.

En effet, toute personne autre que le Trésorier, qui,

même avec son assentiment, usurperait d'une façon à peu
près complète ses fonctions, serait réputé Gérant occulte,
et cette gestion occulte exposerait l'un et l'autre à de
sérieux désagréments.

Troisième Partie. — COMPTE DE GESTION

Compte de gestion. Recettes. — L'exercice clos, il
s'agit de résumer nos opérations et de présenter notre
compte de gestion.

Rien de plus simple si nous avons bien tenu nos livres
et nos pièces justificatives. Rien de plus compliqué si
nous y avons laissé régner le désordre.

Prenons pour exemple le compte de 1894. Nous avons à
présenter : 1° le résumé des opérations faites en 1894 sur
l'exercice 1894 ; 2° le résumé des opérations faites au début
de 1895, mais afférentes encore à l'exercice 1894.

Prenons le compte des recettes.

Pour présenter le résumé des recettes afférentes à 1894,
il faut commencer par distraire de l'ensemble des recettes
faites en 1894, celles qui au début de l'année étaient afférentes à 1893. Cette distinction est indiquée sur notre
compte de gestion. Ce compte commence par rappeler en
bloc ces opérations et nous avons à remplir les cases laissées vides pour y porter : 1° Ce qui restait en caisse au
31 décembre 1893 ; 2° ce qui a été touché en 1894 sur
l'exercice 1893.

Où trouverons-nous ces chiffres ? Tout simplement et
sans aucun calcul, sur notre livre de caisse. Son premier
article de recettes est précisément le « reste en caisse au
31 décembre 1893 ». Quant aux recettes effectuées en 1894
sur l'exercice 1893, elles ont été portées au début de 1894,
à une colonne spéciale du livre de caisse, celle des recettes

sur l'exercice précédent. Cette colonne a été additionnée en son temps ; nous relevons le total de cette addition et nous le portons sur notre compte à la case qui lui est réservée.

Ce retour fait sur le passé, nous avons à indiquer en bloc les recettes du budget de 1894 encaissées du 1er janvier au 31 décembre 1894, et celles du même budget encaissées du 1er janvier au 15 mars 1895.

Où trouver ces chiffres ? Encore dans notre livre de caisse. Ouvrons-le au 31 décembre 1894 : la colonne de l'exercice courant, c'est-à-dire de l'exercice 1894 qui arrive à sa fin, est additionnée. Le total n'est autre que le premier chiffre que nous cherchons.

Ouvrons le même livre au 15 mars 1895 : la colonne des recettes complémentaires de l'exercice précédent (l'exercice qui précède 1895, c'est celui de 1894 qui nous occupe). Cette colonne additionnée, le total est le deuxième chiffre que nous cherchons. Nous n'avons qu'à le copier, voilà encore une case remplie.

Le juge de nos comptes ne nous demande pas seulement des chiffres en bloc, cette fois il en veut le détail par article du budget. Une page entière divisée en plusieurs colonnes est réservée à ce détail. Examinons ces colonnes :

La première (1) est réservée à un numéro d'ordre des pièces justificatives dont nous parlerons plus tard ; la seconde et la troisième à l'indication des natures de recettes et des articles du budget correspondant ; la quatrième est destinée à recevoir les chiffres auxquels le budget avait autrefois évalué chaque nature de recette. Pour la remplir, nous prenons donc le budget primitif et, s'il y a lieu, le budget supplémentaire. Nous additionnerons les évaluations de l'un et de l'autre, et nous remplirons du haut en bas avec ces chiffres, la quatrième colonne de notre compte.

(1) Voir notre modèle.

La colonne 4 *bis* est destinée à recevoir des chiffres, non plus approximatifs, mais rigoureusement exacts : ceux des recettes que le Comptable a dû faire sur chaque article d'après les titres de perception qui lui ont été remis ou qu'il a établis. Ces titres, ce sont les baux d'immeubles, les procès-verbaux de levées de troïte, etc.

Autant l'évaluation budgétaire était aléatoire, autant celle-là est certaine. Il est donc indispensable de la rappeler, car ce que le titre a fixé doit être perçu et le Trésorier en doit compte.

Nous écrirons donc dans la colonne 4 *bis*, devant chaque article, les sommes à recouvrer sur cet article, d'après les titres justificatifs.

Le travail pour remplir cette colonne, sera un peu plus long et demandera à être fait avec attention.

La colonne n° 5 nous ramène à un travail facile : nous prenons notre livre de détail 1894 ; nous ouvrons successivement les pages correspondantes à chaque nature de recette, l'addition de chaque page est déjà faite et il nous suffit d'en relever le total pour remplir sans difficulté la colonne n° 5 de notre compte de gestion.

De même pour la colonne n° 6.

La colonne n° 7 n'étant que l'addition, article par article, des deux précédentes, rien de plus simple que de la remplir. Elle indique le total de ce qu'a produit chaque article du budget 1894.

La colonne 4 *bis* indiquait d'une façon précise ce que nous *étions tenu* de recouvrer, la colonne n° 7 indique ce que nous *avons* effectivement encaissé. Ces deux colonnes devraient donc être identiques, malheureusement les Fabriques rencontrent quelquefois des débiteurs retardataires (1) auxquels le délai de grâce de deux mois et demi

(1) S'il s'agissait non de retardataires, mais d'insolvables : il ne faudrait pas reporter à l'exercice suivant la dette, mais faire annuler ou réduire le titre.

ne suffit pas et qui attendront encore pour se libérer. La colonne n° 8 prévoit ces recouvrements tardifs ; on les y inscrit et dès lors, par chaque article du budget, le total des colonnes n° 7 et 8 doit être centime par centime, égal à celui de la colonne 4 *bis*.

Le livre de détail n'étant que la reproduction du livre de caisse, on doit, en additionnant ensemble les divers totaux de recette, retrouver le total des recettes du livre de caisse. Cette égalité devra se retrouver entre les recettes de la gestion 1894, deuxième partie, portées en bloc au début du compte et l'addition de la colonne n° 5, et de même entre les recettes de la gestion 1895, première partie, et l'addition de la colonne n° 6.

Compte de gestion; dépenses. — Pour remplir la feuille de dépenses du compte de gestion, le travail est rigoureusement le même.

Avant tout détail, nous écrivons : 1° le total des dépenses du budget de 1894, effectuées du 1er janvier au 31 décembre 1894 ; 2° le total des dépenses du même budget effectuées du 1er janvier au 15 mars 1895. Ces deux totaux relevés comme pour les recettes, dans les colonnes correspondantes de notre livre de caisse. Au-dessous viennent les colonnes à remplir : numéros d'ordre des pièces justificatives ; désignation de la nature des dépenses, avec indication de l'article correspondant du budget ; colonne réservée aux évaluations budgétaires, c'est-à-dire aux crédits ouverts à chaque article.

Les colonnes 5, 6, 7 correspondent respectivement aux mêmes colonnes du compte des recettes : on les remplira de la même manière en en prenant les éléments au livre de détail des dépenses.

Entre les paiements effectués (colonne 7) et les crédits ouverts (colonne 4), certains articles pourront présenter une différence : nous n'avons pas payé tout ce que le budget nous autorisait à dépenser. La question se pose de savoir si cette différence provient d'une dépense faite mais non encore payée, ou d'une dépense que le budget nous autorisait à faire, mais que pour n'importe quelle raison le Bureau a trouvé bon d'économiser (1). Dans le premier cas, nous portons la différence à la colonne 8, « Reste à payer et à reporter à l'exercice 1895. » Dans le second, nous l'écrivons à la colonne 9, « crédits annulés faute d'emploi ».

Le total des colonnes 7, 8, 9 devra égaler par article les chiffres de la colonne 4 ~~bis~~.

Ce que nous avons fait pour les services budgétaires recettes et dépenses, nous le faisons ensuite pour les services hors budget, en procédant de la même façon, mais en remarquant que ces services sont comme leur nom l'indique, étrangers au budget et par conséquent à l'exercice auquel se rapporte le budget; nous n'avons donc à nous préoccuper pour en dresser le compte, ni des évaluations budgétaires, ni de savoir à quel exercice ils se rattachent de plus ou moins loin; aussi le tableau correspondant ne présente-t-il ni indications budgétaires ni distinction d'exercice. Il suffira d'ailleurs de suivre la feuille imprimée, on la remplira facilement.

Ces divers tableaux remplis, et nous le répétons, on les remplira vite et bien et sans erreur possible, si le livre de détail est bien tenu, nous avons à établir notre situation au 31 décembre 1894.

Nous rappelons donc d'une part : 1° ce que nous avons trouvé en caisse au 1er janvier 1894 ; 2° ce que nous avons

---

(1) La différence dont nous parlons peut provenir simultanément de ces deux causes, alors il faudra répartir la différence entre les deux colonnes.

reçu au début de 1894 sur l'exercice 1893; 3° ce que nous avons reçu en 1894 sur les services budgétaires de 1894; 4° ce que nous avons reçu la même année sur les services hors budget.

D'autre part, ce que nous avons dépensé : 1° pour les services budgétaires de 1893; 2° pour les services budgétaires de 1894; 3° pour les services hors budget. Ces divers chiffres sont déjà écrits sur notre compte, nous les relevons et les inscrivons dans les cases préparées pour les recevoir. La différence entre la somme de ce que nous avons touché et le total de nos paiements, c'est ce que nous avons en caisse à la fin de l'année et le chiffre en doit concorder avec notre procès-verbal de caisse.

Le compte de la gestion de 1894 ainsi établi, notre feuille imprimée porte encore quelques lignes à compléter. Elles se rapportent aux opérations complémentaires de 1894 faites au début de 1895. Nous n'avons qu'à suivre mot à mot la feuille imprimée pour en remplir facilement les blancs et obtenir en définitif le résultat de l'exercice qui nous occupe.

Le compte de gestion doit être établi en quatre expéditions destinées à l'Evêque, au Maire, au Conseil de préfecture et enfin à la Fabrique.

Pièces générales à l'appui du compte de gestion.

Il doit être appuyé des pièces justificatives de recettes et de dépenses, et aussi des pièces générales suivantes:

Un procès-verbal visé par l'Evêque de l'approbation du compte de gestion par le Conseil de Fabrique (1).

Une expédition du budget primitif et, s'il y a lieu, du budget supplémentaire et des autorisations spéciales.

---

(1) Les modèles de ces procès-verbaux sont envoyés par l'Evêché. Nous en tenons à la disposition des Fabriques qui n'en auraient pas reçu.

Un état des propriétés, rentes et créances de la Fabrique.

Un procès-verbal de situation de caisse.

Une copie certifiée du compte de l'Ordonnateur.

Nous nous sommes suffisamment expliqué sur les premières de ces pièces, pour n'avoir pas à y revenir. Quoique nous ayons limité notre sujet aux travaux du Trésorier, nous sommes obligé d'expliquer ce qu'est le compte de l'Ordonnateur; d'abord parce que cette pièce est indispensable au Trésorier, et ensuite par ce qu'en pratique le Trésorier aura toujours collaboré à sa confection et en aura été le plus ordinairement le principal instrument.

Compte de l'Ordonnateur. — Le compte que rend l'Ordonnateur (Président du Bureau) en son nom et au nom du Bureau, est le compte des résultats en quelque sorte théoriques, d'un exercice et des droits acquis par la Fabrique contre les tiers et par les tiers contre la Fabrique. Il laisse en dehors ce que la Fabrique a encaissé ou déboursé, pour ne s'occuper que des obligations que la Fabrique a contractées vis-à-vis des tiers, ou que les tiers ont contractées vis-à-vis de la Fabrique. Il en conclut que l'exercice a présenté un bénéfice ou une perte, sans égard pour les opérations de caisse qui en résultent.

En pratique cependant, ce compte ressemble par tant de points au compte de gestion qu'il fait presque absolument double emploi avec lui. Nous ne nous étendrons pas sur sa confection, le meilleur guide pour l'établir est la feuille imprimée que nous avons à remplir. Aidé de cette feuille et du compte de gestion qui fournira tous les chiffres, l'Ordonnateur avec le concours du Trésorier, le rédigera sans difficulté.

L'un et l'autre prendront bien garde que la conclusion de ce compte « résultat de l'exercice 1894 » doit exactement concorder avec la conclusion du compte de gestion donnant les totaux des opérations de l'exercice 1894.

Pièces justificatives. — Le verso de la couverture de notre compte de gestion donne le détail des pièces justificatives à fournir par chaque article de recettes ou de dépenses, tel qu'il est prescrit par les règlements.

Nous avons expliqué comment chaque article de recettes devait être justifié par un titre de recettes en règle, et nous avons dit comment établir ce titre (voir page 18); nous avons dit aussi que chaque dépense devait être justifiée par un mandat de paiement auquel est annexée au besoin une facture sur timbre ou une quittance explicative au timbre fixe de 0,10, nous n'y reviendrons pas. Ces sortes de pièces sont indispensables et nous espérons que si elles sont régulières, elles suffiront dans la plupart des cas.

Disons maintenant comment il faut les classer.

Mettons d'un côté tous les titres de recettes, d'autre côté tous les mandats de paiement, en épinglant les factures, quittances ou autres pièces aux mandats auxquels elles se réfèrent.

Classons ensuite les uns et les autres par paquets correspondant aux divers articles du budget et aux services hors budget.

Mettons chaque paquet de recettes dans une fiche récapitulative rose, chaque paquet de dépenses dans une fiche jaune. Enliassons chaque paquet en passant un fil au travers de toutes les pièces dans l'angle inférieur de gauche, numérotons nos paquets en commençant par le premier article du budget des recettes en continuant par les articles de dépenses budgétaires, puis par les recettes hors budget et en finissant par les dépenses hors budget (1).

(1) La série de numéros doit être unique ; s'il y a, par exemple, 10 articles du budget qui aient donné des recettes, les paquets corres-

Nos paquets ainsi préparés et portant respectivement les mêmes numéros que ceux que nous avons écrits dans la première colonne des tableaux de notre compte de gestion, il reste à récapituler sur la couverture de chaque paquet les sommes justifiées par les pièces qu'il contient.

Une colonne est destinée à recevoir cette récapitulation.

Si, par exemple, la pièce à classer appartient au paquet n° 4 et est la seconde du paquet, nous mettons à l'encre rouge dans l'angle supérieur de droite de cette pièce : « n° 4 du compte, 2ᵉ pièce. »

Et, sur la fiche dans la colonne réservée à cet effet, nous écrivons : « 2ᵉ pièce, telle somme. »

Le total au bas de la fiche donne le total des recettes justifiées et doit, bien entendu, concorder avec le total des recettes portées au compte de gestion sous l'article correspondant. S'il ne concordait pas c'est qu'une pièce manquerait, il faudrait la rechercher et au besoin la reconstituer.

De même pour les dépenses, lorsqu'une pièce justificative a une ou plusieurs annexes, il faut l'indiquer dans la colonne réservée à cet effet et donner à la pièce annexée le même numéro qu'à la pièce principale. Par exemple, une facture annexée à un mandat de paiement qui se trouve la 3ᵉ pièce du n° 15 du compte portera la mention : « n° 15, 3ᵉ pièce 1ʳᵉ annexe. »

Feuilles de référence. — Il peut arriver qu'une même pièce serve à justifier deux articles de recette différents ; par exemple, dans le cas cité page 25, la copie de la facture faite à la commune pour le service de M. Carnot justifiera

pondants porteront les n° 1 à 10 (n° 1 du compte, n° 2 du compte, etc.). S'il y a douze articles de dépenses budgétaires, les paquets correspondants seront numérotés à la suite (n° 11 du compte, n° 12 du compte, etc.). Les recettes hors budget seront encore numérotées à la suite (n° 23 du compte, etc.), et enfin les dépenses hors budget clôront la série.

à la fois la recette de 20 francs pour les pompes funèbres et celle de 180 francs pour les services hors budget. Pour ne pas avoir à faire deux copies, l'une destinée au paquet des pompes funèbres, l'autre destinée au paquet des services hors budget, on remplacera dans ce dernier la copie qui manque par une feuille dite de Référence et ainsi conçue : « Référence à la ...ᵉ pièce du nᵒ ..... du compte. Services hors budget. Recettes ..... francs. »

De même pour les dépenses dans le cas cité page 22.

QUATRIÈME PARTIE

COMPTABILITÉS IRRÉGULIÈRES

Nous allons maintenant voir la marche à suivre pour transformer en comptabilité régulière une comptabilité qui n'a pas été jusqu'alors tenue suivant les règles, et pour établir un compte de gestion qui puisse soutenir l'examen. Deux cas peuvent se présenter : 1ᵒ La Fabrique a tenu des comptes non conformes aux prescriptions administratives, mais cependant en ordre. Les recettes et les dépenses ont été soigneusement inscrites ; les pièces de recettes manquent à peu près toutes, mais les dépenses ont fait l'objet de quittances régulières. En un mot, le Trésorier ou le Curé ont tenu une comptabilité qui serait irréprochable si c'était une comptabilité privée et qui n'a d'autre tort que de n'être pas en harmonie avec les nouveaux règlements.

2ᵒ La Fabrique n'a pas de comptes en ordre, pas de livre de caisse, les recettes n'ont été écrites que sur des notes informes, les dépenses payées sans mandat, quelques-unes même sans reçu ; le Trésorier et le Curé se sont bornés à verser les rentrées dans une bourse et y ont puisé sans compter pour payer les dépenses de la Fabrique.

Dans le premier cas, rien n'est plus simple que de rétablir les choses d'une façon suffisante et de se mettre en mesure de tenir dans l'avenir une comptabilité régulière. Voici comment nous procéderons :

Pour le passé, nous ne nous occuperons pas du livre à souche de recettes ; ce livre de contrôle journalier n'a pas été tenu ; c'est fâcheux, mais un contrôle fictif, imaginé après coup, n'aurait aucun sens ; nous nous en passerons donc.

Notre livre de caisse est en ordre, c'est lui qui nous servira de base et nous ne prendrons pas la peine de le recopier sur un livre imprimé selon la formule. Nous aurons soin seulement de le compléter en ajoutant devant chaque article de recettes ou de dépenses l'article du budget auquel il se rapporte.

Ceci fait, nous nous procurerons un livre de détail et nous y transporterons chaque recette et chaque dépense de notre livre de caisse, en ayant bien soin de distinguer les exercices auxquels se rapportent ces opérations. Notre livre de détail ainsi rétabli pour 1894, par exemple, nous y puisons immédiatement tous les éléments de notre compte de gestion 1894 que nous dressons comme il est expliqué ci-dessus.

Il nous reste à rétablir nos pièces justificatives.

Nous n'en avons qu'une partie ; nous avons le budget primitif, mais habitués à ne pas tenir un compte très rigoureux des crédits ouverts à ce budget nous en avons peut-être dépassé quelques-uns, il nous faudra demander au Conseil de voter un budget supplémentaire pour régulariser ce supplément de dépense et nous hâter de faire approuver ce budget par l'Evêque.

De même nous n'avons pas fait dresser de procès-verbal

de caisse au début de l'exercice, mais nous savons par
notre livre de caisse quels fonds nous avons reçus; il nous
faudra demander au Président du Bureau, non pas un
procès-verbal antidaté, mais un certificat constatant les
fonds en caisse au 1ᵉʳ janvier, début de l'exercice.

Nous avons quelques-unes des pièces de recettes : les
baux d'immeubles, l'acte d'adjudication des bancs, etc.,
il nous suffira d'en établir copie. Quant aux autres :
procès-verbaux de levées des troncs, etc., que nous avons
eu le tort de ne pas dresser en son temps, nous les rempla-
cerons par des états certifiés par le Président ; ce ne sera
pas bien régulier, mais cela vaudra mieux que des pièces
imaginées après coup ; et nous sommes convaincu que le
juge des comptes s'en contentera pour une première
année.

Les pièces de dépenses existent presque toutes, nous
avons les reçus de tout ce que nous avons payé, mais
peut-être avons nous payé sans mandat, nous demanderons
au Président du Bureau de nous faire tous les mandats
qui manquent et, à chaque mandat, nous annexerons la
quittance correspondante (1).

Nos pièces justificatives ainsi établies, nous les classons
comme ci-dessus et nous pouvons présenter au juge de
nos comptes une situation à peu près régulière. Mais nous
ne perdrons pas de vue que cette régularité n'est qu'appa-
rente, acceptable tout au plus pour le premier exercice, et
nous aurons soin de tenir dans l'avenir nos comptes d'une
façon plus conforme aux règlements.

Le second cas, celui d'une comptabilité tout à fait

(1) En général, il vaut mieux faire acquitter le mandat par duplicata
avec la quittance. Néanmoins cela n'est pas indispensable, et le
mandat signé du Président et appuyé de la quittance de la partie
prenante suffit pour justifier du paiement.

informe ou nulle, nous demandera bien plus de travail, néanmoins nous ne devrons pas désespérer du succès.

Nous commencerons par réunir et classer par ordre de date tous les documents que nous pourrons trouver, même les petits morceaux de papier informes sur lesquels un chiffre jeté au hasard pourra nous être un précieux éclaircissement. Nous ferons appel aux souvenirs du Curé et des Marguilliers, nous prendrons surtout le budget et le livre de séances du Bureau que bien peu de Fabriques se dispensent de tenir. Ce budget, ce livre de séances où tous les trois mois un état de situation plus ou moins exact est transcrit, seront nos premiers guides, avec eux nous pourrons reconstituer tant bien que mal un livre de caisse (1). Ce travail fait, nous transporterons nos recettes et nos dépenses au livre de détail comme dans le cas précédent, et nous dresserons de même notre compte de gestion.

La recherche des pièces justificatives de recettes se fera comme tout à l'heure ; quant aux pièces de dépenses, nous aurons à demander aux diverses personnes qui auront reçu de nous sans quittance, pendant l'exercice, l'acquit des paiements que nous leur aurons faits, ce qu'elles ne pourront raisonnablement nous refuser. Le Président nous établira les mandats conformes et nous pourrons nous présenter aux juges de nos comptes.

Tout cela nous demandera un peu de travail et de tracas, ce sera une leçon qui nous décidera à ne pas persévérer

---

(1) Nous engageons naturellement les Fabriques qui n'ont point de livre de caisse à prendre notre modèle qui est bien en harmonie avec nos autres imprimés ; mais pour la reconstitution toujours difficile dont nous parlons ici, il sera bon de se servir d'un brouillon avant de rien transcrire définitivement au livre de caisse ; et de ne faire cette transcription que quand tout le travail sera absolument terminé afin de n'avoir aucun chiffre à raturer.

dans les mêmes errements, leçon profitable après tout, car si l'intervention des juges civils et la minutie des prescriptions administratives peuvent sembler inutiles et même vexatoires, nous ne devons pas oublier d'autre part que l'absence de comptabilité et le désordre dans les recettes et dans les dépenses sont le commencement de la ruine aussi bien pour les Fabriques que pour les particuliers.

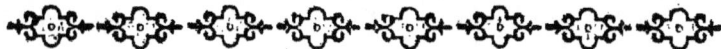

RÉSUMÉ CHRONOLOGIQUE

1er Janvier. — Faire parapher le livre de caisse (s'il ne l'est déjà) et le journal à souche de recettes ; porter sur l'un et sur l'autre, comme premier article de recette, le reliquat en caisse suivant procès-verbal de caisse dressé la veille (1).

Courant de janvier, réunion du Bureau des Marguilliers, puis du Conseil. Le Trésorier présente un bordereau succinct des recettes et dépenses pendant le dernier trimestre.

Février. — Préparation du compte de gestion par la remise au pair du livre de détail de l'année écoulée ; et par le classement des pièces justificatives.

Mars. — A partir du 1er mars, le Président du Bureau ne doit plus délivrer de mandats afférents à l'année écoulée. Au 15 mars, l'exercice est clos ; le Trésorier cesse de faire les recettes et paiements afférents à l'exercice qui se termine. Il transporte au livre de détail les dernières opérations de recette et de dépense, et, *ceci fait*, il établit son compte de gestion et achève d'en classer les pièces justificatives.

Le compte de gestion terminé, il aide l'Ordonnateur à

(1) Le Trésorier n'oubliera pas pendant les deux mois et demi qui vont suivre, de distinguer les recettes et dépenses afférentes à l'exercice précédent de celles de l'exercice courant nouvellement ouvert.

établir son compte administratif (l'un et l'autre devant être soumis à l'approbation du Bureau).

Il aide également le Bureau (dont il est membre) à préparer le budget de l'exercice suivant et le budget supplémentaire de l'exercice courant (s'il y a lieu).

Réunion du Bureau, bordereau de situation comme en janvier.

Avril. — Session de Quasimodo en une ou plusieurs séances. Le Conseil approuve le compte de gestion et le compte administratif de l'exercice écoulé, le budget supplémentaire de l'exercice suivant.

Dans cette session, les Conseillers sortants sont renommés ou remplacés.

Une expédition des comptes de gestion et administratif ainsi que des budgets, doit être remise à la Mairie contre récépissé. Une autre doit être envoyée à l'Evêché avec ce même récépissé.

Dresser procès-verbal en règle de l'approbation du compte de gestion par le Conseil de Fabrique; en envoyer deux exemplaires à l'Evêché; l'un des deux visé par l'Evêque sera retourné au Trésorier et joint au compte de gestion.

Mai. — Classement et vérification des pièces justificatives restées en retard.

Juin (1). — Le 30 juin est le dernier terme pour la remise du compte de gestion et des pièces justificatives au Conseil de préfecture.

Ce dépôt se fait soit en portant soi-même le compte et les pièces justificatives au greffe du Conseil de préfecture,

(1) Si le procès-verbal d'approbation du compte qui doit être joint aux pièces justificatives n'était pas revenu au 15 juin, il serait bon à cette date, d'écrire à l'Evêché pour le réclamer.

soit en envoyant le tout en franchise au Préfet (1); ne pas oublier de *recommander* le tout.

Les Trésoriers n'ont point qualité pour correspondre en franchise avec le Préfet, mais les Curés et les Maires y ont droit.

Juillet. — Réunion du Bureau, puis du Conseil; bordereau de situation.

Octobre. — Réunion du Bureau, puis du Conseil; bordereau de situation.

31 Décembre. — Procès-verbal de situation de caisse dressé par le Bureau des Marguilliers. Le livre à souche de recettes est arrêté. — Les quittances non employées coupées par moitié; l'une des moitiés restant adhérente au talon; le livre de caisse est arrêté par le Trésorier et l'excédent des recettes sur les dépenses reporté à l'année suivante.

Tous les mois, le Bureau des Marguilliers doit se réunir; tous les mois aussi les troncs doivent être levés et les divers états de recette dressés. Nous croyons que quoique ce ne soit pas réglementaire, il suffira dans les petites Fabriques de faire ces opérations tous les trois mois, c'est-à-dire à fin mars, fin juin, fin septembre et fin décembre, avant les réunions correspondantes du Bureau et l'établissement du bordereau trimestriel de situation.

---

(1) Sous bande contresignée. Ces plis sur réquisition écrite de l'expéditeur peuvent être soumis à la formalité du chargement, *sans frais.*

DÉFINITION

DE

QUELQUES EXPRESSIONS

Le plus fréquemment employées dans cet Ouvrage

Acquit ou **quittance.** — Pièce par laquelle on reconnaît avoir reçu une somme.

Quand la somme reçue est supérieure à 10 francs ou est versée à compte sur une somme supérieure à 10 francs, l'acquit doit porter un timbre à quittance.

Arrêter un livre. — Écrire sur un livre de comptabilité la mention : « Arrêté le présent livre » Date et signature.

Arrêter un mémoire. — Vérifier ce mémoire et écrire à la suite la mention suivante : « Arrêté le présent mémoire à la somme de... » Date et signature.

Article. — Les recettes et les dépenses prévues par le budget sont classées suivant leur nature en diverses catégories. Ces catégories prennent le nom d'*articles* du budget. Chaque article de recettes ou de dépenses ne doit contenir que des recettes ou des dépenses présentant une certaine analogie : par exemple, on ne pourrait ranger dans le même article de dépense, le traitement des chantres et les réparations à l'Église ; mais on mettra bien dans le même article le traitement du bedeau et celui de l'organiste.

Apurer. — (Voyez liquider).

Autorisations spéciales. — Approbation donnée par l'Évêque à un vote du Conseil de Fabrique postérieurement au budget supplémentaire, pour ouvrir un crédit non prévu aux budgets, ou pour augmenter un crédit déjà ouvert mais insuffisant.

Balance. — Différence entre les recettes et les dépenses. Exemple : j'ai reçu 300 fr., j'en ai payé 250, la *balance* est 50 fr. On dit encore dans le même cas que l'opération se *balance* par un excédent de recette de 50 fr.

Si j'avais reçu 250 fr. et payé 300, on dirait que l'opération se *balance* par un excédent de dépense de 50 fr.

Budget ou **budget primitif**. — Tableau dressé par prévision des recettes et des dépenses afférentes à une année entière (du 1er janvier au 31 décembre).

Supplémentaire. — Tableau dressé en cours d'année pour compléter le budget primitif.

Budget ordinaire. — Tableau des recettes ayant le caractère de revenus ou produits annuels et des dépenses à payer avec ces sortes de recettes (alors même qu'elles auraient un caractère exceptionnel).

Budget extraordinaire. — Tableau des recettes en capitaux et des dépenses à payer avec ces sortes de recettes.

Certifier. — Écrire sur une pièce quelconque la mention par laquelle on atteste que cette pièce est exactement conforme à une autre, ou est sincère et conforme à la vérité. Exemple : La présente copie de l'acte d'adjudication des bancs certifiée sincère et véritable. (Signature et date) ou encore « certifié sincère et véritable le présent état, signature et date ».

Complémentaire. — Se dit des recettes et dépenses qui auraient dû être effectuées pendant le cours de l'année, mais qui, par suite d'un retard, ne le sont que dans les premiers mois de l'année suivante. Exemple : le recouvrement au 15 février 1895, d'un terme échu à Noël 1894, est une recette complémentaire de 1894. Se dit aussi des deux mois et demi pendant lesquels se font les opérations complémentaires indiquées ci-dessus. Exemple : Janvier, février et la première moitié de mars 1895, sont à la fois les premiers mois de l'exercice 1895 et les mois complémentaires de l'exercice 1894.

Comptable. — On appelle ainsi, soit le Trésorier, soit le Receveur spécial, soit le Percepteur chargé des comptes de la Fabrique.

Compte administratif. — Compte dressé par le Président du Bureau ou Ordonnateur. Ce compte fait, par exercice, l'exposé des obligations contractées par la Fabrique, vis-à-vis des tiers ou par les tiers vis-à-vis de la Fabrique.

Compte de gestion. — Compte dressé par le Trésorier. Ce compte présente avec pièces à l'appui, le résumé ; 1° des recettes et paiements effectués pendant le cours d'une année ; 2° des recettes et paiements se rapportant à cette même année, mais réalisés seulement pendant les premiers mois de l'année suivante.

Crédit. — Somme allouée par les budgets pour une dépense donnée. On n'est pas obligé de l'employer entièrement, mais on ne peut la dépasser.

Aucune dépense ne doit être faite et encore moins payée sans qu'un crédit ait été ouvert pour y faire face.

Déficit. — On dit qu'un compte est en déficit quand les dépenses excèdent les recettes.

On dit que la caisse est en déficit quand elle renferme moins d'argent que les livres ne l'indiquent.

Exemple : Mon livre de caisse accuse 300 fr. de recettes, 250 fr. de dépenses ; mais ma caisse ne contient en réalité que 40 fr. Elle est en déficit de 10 fr.

(Ce cas ne doit jamais se présenter quand on tient soigneusement son livre de caisse.)

Etat. — Liste détaillée et circonstanciée. — Exemple : l'Etat des services religieux est la liste de ces services avec leur date, le nom des personnes qu'ils intéressent, la somme qu'ils ont rapportée.

Etat certifié. (Voir certifier.)

Exercice. — Période d'exécution des services du budget. Il prend la dénomination de l'année à laquelle il se rapporte. (Voir p. 10.)

Facture ou **Mémoire.** — Note détaillée des sommes réclamées par un créancier à son débiteur. Toute facture remise à la Fabrique doit être établie sur papier timbré, de même toute facture remise par la Fabrique à un établissement public : commune, hospice, etc. Les factures de la Fabrique aux particuliers sont établies sur papier libre.

Forfait. — On dit qu'une somme est fixée à forfait, quand elle est déterminée à l'avance sans égard aux circonstances bonnes ou mauvaises qui peuvent se produire ultérieurement. Exemple : Un entrepreneur se charge des pompes funèbres moyennant une redevance annuelle fixée à forfait à 500 francs. Cela veut dire qu'il paie à la Fabrique 500 francs par an, peu importe que l'entreprise lui ait rapporté plus ou moins que cette somme.

Un marché à forfait est celui qui est traité moyennant une somme fixée à forfait.

Gestion. — Opérations du Trésorier ou Comptable : par abréviation, on appelle par exemple, gestion 1894, l'ensemble de ces opérations du 1er janvier au 31 décembre 1894.

Gestion occulte. — Opérations d'une personne qui reçoit ou paie pour le compte de la Fabrique, sans y être autorisée en qualité de Trésorier, de Receveur spécial ou de Régisseur de recettes ou de dépenses.

Hors budget. — Se dit de certaines opérations étrangères aux budgets et que le Trésorier est appelé à effectuer (voir page 25).

Journal. — Dénomination de tout livre qui doit être tenu au jour le jour. Exemples : journal à souche de recettes, journal de caisse.

Justifier. — Fournir les pièces justificatives à l'appui d'une recette ou d'une dépense.

Pièces justificatives. — Pièces que le Comptable est tenu de joindre à ses comptes pour prouver au juge qu'ils sont sincères et réguliers.

Liquider. — On appelle liquider ou apurer une dépense : en fixer *exactement* le montant après avoir vérifié, s'il y a lieu, la facture de cette dépense. C'est l'affaire du Président du Bureau ou Ordonnateur.

Mandater ou ordonnancer. — On appelle mandater ou ordonnancer une dépense, donner au Trésorier l'ordre écrit de payer cette dépense préalablement liquidée s'il y a lieu. Cet ordre écrit s'appelle *mandat de paiement*.

Exemple : Le couvreur Pierre a remis sa facture. L'Ordonnateur la vérifie, en déduit l'escompte et fixe la somme à payer à Pierre. C'est liquider la dépense.

L'Ordonnateur remet alors à Pierre un mandat de paiement de pareille somme. C'est mandater ou ordonnancer la dépense.

Mandat de paiement. — Voir ci-dessus. Chaque mandat de paiement ne peut se rapporter qu'à un seul article de dépense. (Voir page 22).

Mandat d'avance permanente. — Pièce par laquelle l'Ordonnateur donne au Trésorier l'ordre écrit d'avancer au Curé (ou à tout autre régisseur de dépenses) une certaine somme pour faire face aux menues dépenses.

Mémoire. — (Voyez facture).

Ordonnancer. — (Voyez mandater).

Ordonnateur. — Président du Bureau chargé d'ordonnancer les dépenses.

Ouvrir un crédit. — On dit qu'un crédit est ouvert par le budget pour une dépense donnée, quand le budget prévoit une somme de... pour cette dépense.

Exemple : Si le budget a prévu que les réparations à la sacristie pourront monter à 500 francs ; on dit qu'un crédit de 500 francs est ouvert pour ces réparations.

Paraphe. — Le paraphe est la signature en abrégé, il se compose de l'initiale ou des initiales du nom de la personne qui fait le paraphe et du signe particulier qu'elle a l'habitude de tracer en signant à la fin de son nom.

Parapher un livre. — Mettre sur chaque feuillet son paraphe auprès du numéro du feuillet.

Procès-verbal. — Constatation écrite d'un fait par les personnes qui ont qualité pour faire cette constatation.

Exemple: Un tronc est ouvert par le Curé, le Président du Bureau et le Trésorier, l'argent qu'il contient est compté et remis à ce dernier. Les membres présents écrivent les détails de l'opération, datent et signent. — Cet écrit est un procès-verbal de levée de tronc.

Autre exemple: Les mêmes vérifient la caisse du Trésorier, constatent par écrit qu'elle renferme bien l'argent qu'indiquent les livres, datent et signent — Cet écrit est un procès-verbal de caisse.

Quittance. — (Voyez acquit).

Quittance explicative. — Acquit ou quittance d'une somme suivi d'une liste détaillée des travaux ou des fournitures pour le paiement desquels on a reçu cette somme.

La quittance explicative n'est passible que du timbre mobile de 0 fr. 10, quoiqu'elle remplace entièrement une facture qui devrait être sur papier timbré.

Receveur spécial. — Fonctionnaire nommé par le Conseil de Fabrique et payé par la Fabrique. Il fait les fonctions du Trésorier si aucun Marguillier ne veut s'en charger. Son salaire ne peut dépasser 4 °⁄₀ des recettes annuelles. Il est tenu de fournir un cautionnement fixé à 12 °⁄₀ de cette moyenne.

Le même receveur spécial peut servir à plusieurs paroisses du même canton.

Référence. — Note manuscrite par laquelle on renvoie le lecteur ou l'examinateur des comptes à une pièce déjà fournie (voir p. 35).

Régisseur de recettes. — On appelle ainsi toute personne régulièrement chargée par le Bureau de suppléer le Comptable dans l'encaissement de certaines recettes journalières.

Régisseur de dépenses. — De même le Curé ou parfois le Sacristain peuvent être appelés sous le nom de régisseurs de dépenses, à payer des menues dépenses journalières.

Les uns et les autres doivent rendre compte chaque mois au Trésorier, du détail de leurs opérations.

Situation. — État d'une caisse, état d'un compte.

Exemple : La situation de la caisse consiste en espèces, timbres, mandat d'avance permanente.

Souche. — On appelle livre à souche, tout livre dans lequel une partie de la feuille doit être détachée, tandis que l'autre partie reste adhérente au dos. Cette seconde partie s'appelle *souche*. On peut ainsi reproduire sur la souche les indications que l'on avait écrites sur la feuille correspondante, avant de la détacher, et être certain de ne rien oublier.

Timbre de dimension. — Nom technique du papier timbré.

Timbre mobile. — Tout timbre que l'on colle sur le papier (timbres-poste, timbres à quittance). Les timbres à quittance sont de 0,10 ou de 0,25.

TABLE DES MATIÈRES

Rouen. — Imp. Paul LEPRÊTRE, 75, rue de la Vicomté.

RED. :   18

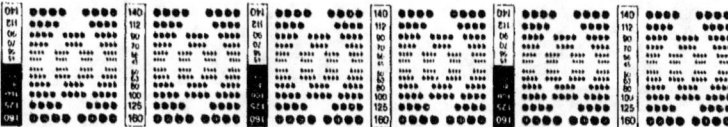

0 1 2 3 4 5 6 7 8 9 10

www.ingramcontent.com/pod-product-compliance
Lightning Source LLC
LaVergne TN
LVHW020044090426

835510LV00039B/1407